U0935436

# 高处和低处

第32届青春诗会诗丛

《诗刊》社 / 编

QING CHUN SHI HUI

陆辉艳 著

中国青年出版社

**图书在版编目（CIP）数据**

高处和低处 / 陆辉艳著. --北京：中国青年出版社，
2016.7（第32届青春诗会诗丛）
ISBN 978-7-5153-4391-4
Ⅰ. ①高… Ⅱ. ①陆… Ⅲ. ①诗集-中国-当代
Ⅳ. ①I227
中国版本图书馆CIP数据核字（2016）第172526号

责任编辑：彭明榜
书籍设计：孙 初 刘 琉

中国青年出版社 出版 发行
社址：北京东四12条21号
邮政编码：100708
网址：www.cyp.com.cn
编辑部电话：（010）57350506
门市部电话：（010）57350370
北京通州皇家印刷厂　　新华书店经销

880mm×1270mm　1/32　5印张　70千字
2016年7月北京第1版　2016年7月北京第1次印刷
定价：25.00元

# 有诗为证

## 第32届青春诗会诗丛序

一

青年是一个民族的未来，诗歌是一个民族的灵魂，诗坛需要新鲜的血液，汉语需要继承、需要发扬光大，所以，《诗刊》自1980年始，年复一年地组织“青春诗会”。因为竞争激烈，条件苛刻，因为从“青春诗会”走出的青年诗人，大多在诗歌界产生了较大的影响，大多数会成为汉语新诗的希望之光，所以“青春诗会”被诗坛瞩目、翘首。因为青年诗人需要扶持，新诗需要推广，因为绚丽的青春需要保留一些证据，所以，我们从第29届“青春诗会”开始，为每一个青春诗会的学员，出一本诗集。

二

2016年6月24日，我们从近千份的来稿里，评选第32

届“青春诗会”的学员。三轮评选中，评委们唇枪舌剑，面红耳赤，但最终必须以文本服人：我说好，好在哪里，我指给你看——有诗为证……后来经过民主投票，选出了这15位青年诗人：沈鱼（沈俊美）、臧海英、小葱（郭靖）、林火火（钱云玲）、张远伦、林子懿、方石英、祝立根、辰水（李洪振）、严彬、陆辉艳、王琰、左右、肖寒（肖含）、曹立光。

15位青年诗人来自14个省份，他们最大的40岁，最小的25岁。他们，有的在诗坛上已经崭露头角，有的，根本就是默默无名。但我们充满信心地告诉大家，他们的文本是可信的、优秀的，他们代表着汉语新诗的活力与希望——这15本诗集，就是证据。

三

因为漠河是我国极北、酷寒之地，清代属宁古塔管辖，是历史上著名的流放之地，无论从地理意义上，还是从文化意义上，都是我们的远方，所以第32届“青春诗会”，选择在这里举办。我们想要告诉世人，在这片饱经风霜的大地上，当拜金主义横行、追名逐利日盛时，还有人在追求精神的唯美和诗意的栖居——这15位风华正茂的青年，就是证人。

《诗刊》社

2016年7月2日

# 目　录

## 第一辑　露天电影

**第二辑 土地有它自己的脾气**

## 第四辑 昨天的意义

# 第一辑

# 露天电影

# 白　纸

儿子拿走了我的订书机
他往一张白纸上订钉子
一颗，两颗，三颗，四颗五颗……
直到白纸被订得密密麻麻
像一个浑身中弹的人
他的小手乱舞
欢呼雀跃地递给我：
“白纸变重啦，妈妈”
真的，我接过纸张的那只手
感到了一丝下沉的重量

# 木　匠

他占有一堆好木料。先是给生活
打制了一扇光鲜的门。那时他很年轻
他走进去，锯榫头，打墨线
哐当哐当，又制了一张床
他睡在上面，第一年迎来了他的女人
第二年他的孩子到来。第三年
他打制了吃饭的桌子，椅子，梳妆用的镜台
他把它们送给别人。之后
他用几十年的时间
造了一艘船。“我要走出去，这木制的
生活……”他热泪盈眶，准备出一趟远门
然而他的双腿已经僵硬
他抖索着，走到月光下。这次他为自己
制了一副棺材
一年后，他睡在里面
相对他一生制造的无数木具
这是惟一的，专为自己打制
并派上用场的

# 礼　物

暮色中的事物，看起来
比白昼美。比白昼亲切和动人
我合上相机盖，穿过一条
没有路灯的街道
它甚至没有名字
经过的人，也寥寥无几
我走得很快，一丛植物绊了我一下
哦，一大片鬼针草，在灰扑扑的
道路旁，开着白花
朴素得像天使
我走进去，摘下一朵
别在衣服口袋里
就这样，心中盛满了喜悦和安宁
一路轻快地回到家，脱掉外套
发现一排细密的植物尖针
扎在我的袖口上
——这意外的礼物！
我只想带走它的柔软
最后它连尖锐
一起赠与了我

# 缺　席

在西大，我乘上
回家的青皮公车。
一个男人，让出旁边的位置
他挪开那上面的物件：
一个骨灰坛，盖着黑色绸布
“坐这儿，这儿”
他的声音压低，充满悲伤
右手按在胸前

我迟疑着，坐了下去
占据一个缺席者的位置
如果我起身，走开
虚无的时间会回到那儿
而我一直坐着
跟着这辆青色怪物
过了桥，直到终点站
当我下车，并向后张望：
一排空空的椅子
缺席者再次消失

# 奶　奶

她是被风吹老的
牙齿一颗一颗，掉落在秋天的泥地
却不发芽。她猫着腰睡觉的样子
多么像是一张蓄势待发
但丢失了箭的弓
她无力起身，说话语无伦次。“你是微微。
聋子做的豆腐花好吃。你是那个
30岁死了男人的寡婆子吗”
脑子仿佛麻绳缠绕，如此
混乱，无法认出她的亲人
深冬的窗户敞开着
风呼呼地灌进来。“你看，死了的人在哭，
来找我了。”她端着海碗吃面
张着空洞的嘴咀嚼，鼻子眉毛上
沾满浓稠的面汤。饥饿似乎无足轻重
吃和睡成为，必须的形式
她计较生死，喜欢彻夜开着灯
“我怕黑，怕那边的人，提前来接我……”
矜持是很久远年代的事情
我的父亲，正为她烘烤着尿湿的棉被

“谁在我床上泼水我生好火，
你们这些瞎眼人，又弄熄了它……”
她企图还原破碎的记忆，想要借助生命里
最后一点力量，踩在她曾踩过的土地上
她用力地甩了甩脑袋，这使我相信
她又恢复了神采奕奕
当我搀着她，她转过身来看我
“你是那个种桂花树的人，记着
给我留着花粉好酿蜜。”

# 环

你出生那天
年轻的护士给你
系上标识：一个柔软的手环
作为这世界的第一份礼物，上面写着
病床号，以及你妈妈的名字

在我的无名指上
有一枚普通戒指
银色的，它箍紧我
和另一个人的一生

妇科诊室里，女医生
拿着一个麻花金属环
她把它置入一个人的身体深处
这冷冰冰的器物
阻止了更多的明天和可能

我的奶奶，终身被
一种看不见的环牵制
直到她进入棺木
变成一堆白骨

# 辅 助

在意大利
某个城市的房间里
性辅助师，正在给
肌肉萎缩症患者，舒缓压力
两个裸体女人
面对面地，躺在床上
她教她抚摸
亲吻，按压
又轻又缓地弹……然后是
无边的交谈

巨大的虚空消失了
空气是甜的
那痛苦的人，不再强烈地
厌弃自身
我不知道，善良的性辅助师
会不会，爱上每一个
不幸的人
像荒野的稀疏星辰
让生命，被永久的喜悦
填满

# 大苹果

他每天在思圣路上，来来回回地
压低帽檐打电话
有时他蹲在马路边
举着一个破手机喊：喂喂喂
有时他摘下帽子，挠着一头乱发
似乎在谈一桩生意，而且
即将成功
那天早晨我故意放慢车速
看他煞有介事地拨通电话
口气温柔得像个好父亲
“等着我，给你们买大苹果！”
这个身披破布条的流浪汉
手中举着一个脏污的
手机模型，说了这么久以来
我唯一听清楚的一句话

# 妇科病房

她刚刚做完子宫切除术
被送到21床
三小时后，她清醒过来：
“它已经完成任务，我再也
用不着了”
这世上最温暖的房子
她失去的那部分
仿佛正被一个黑洞所替代
她的丈夫，一个不苟言笑的男人
拿着水壶去了开水房
后来我下床走动
偶然经过开水房旁边的楼梯口
瞥见那个男人
背对着坐在楼道上抽烟
他的身旁，有一个空泡面盒
里面装满了烟头

# 强迫症

那个手提两袋垃圾的人
步子飞快
她把它们扔进垃圾桶
“钥匙……”她喊了一声
转身走回垃圾桶旁
两个垃圾袋被逐一打开
露出里面的内容：水果皮，旧牙刷，纸巾
碎瓷片，几个空的易拉罐
她重新扎上它们
这次她走远了
如果她再次转身回来
跟我预想的那样
重复打开那些生活的废弃品
寻找一把旧钥匙
我写下的，将会是这样：
她徒手拆毁了时间
最后将自己缝合

# 迁徙

他冒着雨，去取一个朋友的遗骨
穿过香蕉林，接着是剑麻，遇到陡坡，爬坡
后来是平地。这是一个人的安生之处
他随身带着镐头和手巾
雨渐渐大了，泥土中的骨灰坛现出具体形状
他小心翼翼捧着它，用手巾擦拭，像对待一个
刚出生的婴儿。骨灰被倒入另一个坛子
他用衣服包裹它，带走了它。那里面装着
另一个人的一生，有些幸福，有些泪渍
现在只是骨气：有一点点重，有一点点轻
他心情复杂，冒着雨下山
穿过剑麻地，还有一片香蕉林
现在他找到了，他认为是他
最适合安眠的地方。第二天，他来到城市
之后的事情，他可以暂时不管

# 回到小学校园

黄土的操场变成了水泥地
二十年前的那棵石榴树还在
我在它身上刻的字不见了，这些年被雨水冲掉了吗
被光阴抹掉了吗
那间破教室也不见了
那些缺胳膊少腿的桌椅，我浇过水的海棠花
那块笨重的铁，上下课都需要它
发出沉闷声音的铁
那块写满了字的黑板，我被罚站过，领过奖状的讲台
哦，全都不见了
教过我的老师，一个离开了人世
两个调到了镇上，剩下一个，头发花白
戴着老花镜，但他还是一眼
就认出了我

# 帮　凶

尽管新的楼房看起来
如此美仑美奂
工人们都回家了
留下一堵插满玻璃的院墙
尖锐，突兀地，刺穿暮色
此后每次走过那儿
我都停顿一下，想要翻墙而入
想看看那些被栽种的碎玻璃
能生长出另一些什么

后来有一天
一个人拿着铁锹
将上面的尖玻璃，一块一块
狠狠地敲下来
为此我欢呼着
被人认作了帮凶

# 某天黄昏

那只苹果，在碟子里
已经放了五天
皱巴巴的
像一张饱经风霜的脸上
无限扩散的回音
我捏着它，往垃圾桶
伸出去的那只手
仿佛，被什么弹了一下
我犹豫了
拿起刨子，在黄昏
柔和的光线里，刨去它
满脸的沧桑
放入口中
——多么美味
曾经的酸涩，圆滑
在时间的
滤网中，已经
荡然无存。只留下甘甜
和它荒芜的
不带杂质的芬芳

# 手　铐

K1路进站时，人们
像一群密集的鱼苗
哗啦一声涌上去
我迟疑了一下，落在后面
不得不夹在过道中
这匆忙、拥挤的生活
不得不爱，不得不接受
举起双手，各拽一个吊环
哦，耶稣受难的姿势

座位上，一个坐在妈妈怀里的孩子
突然仰起头，指着那些晃荡的吊环
大声地说：
“看，好多手铐！”
车厢里一阵哄笑
笑得最大声，笑出了眼泪的
是那些手抓吊环
因为惯性，险些摔倒的人

# 收尸人

被警戒线围起来的车祸现场
看起来像个钝角三角形
一个戴手套的人走到三角中央
人群突然静下来
他拉开裹尸袋的拉链，弯腰
抱起那个血肉模糊的人
放好，然后
他把剩在地上的，零碎的
作为死者身上的一部分
也仔细地捡起来
他又走到远一些的地方
捡起一只掉落的皮鞋
将它轻轻穿上死者的脚
最后拉上拉链

我看不到他的表情
他身体里的悲伤，一定早被这
不停重复的场景掏空
他每次能做的就是
将一个人碎裂的身体

尽量保持出生时的完整
他将他体面，而又小心地
抱上了车
——他如此镇定，仿佛全是因为
手上安静的白手套
他最后摘下它们，折叠好
进了驾驶室

# 露天电影

一个不同寻常的夜晚。放映员到了这里——
麻村二街。黄昏收起它的翅翼
孩子们早早地等在场地中央——
一个惊奇，一个投映在银幕上的自己
但他们的惊奇这么少。他们再也不会
绕到银幕的背面，因兴奋而发出尖叫——

一个时代带着它缺席的手臂前来
一旁观望，但不鼓掌

# 高处和低处

十分钟前，他仿佛被吊在空中的脚手架上
在快要竣工的32层高楼建筑工地
他被替换下来，脸色煞白
“我有恐高症。我讨厌不着地
和临死的滋味……”他说着
双手抱头，哭起来
在这个夏天的傍晚，夕阳扳住他的肩膀
往生活的水潭里猛按
过了许久，他浮起一张沾满泥浆的
无助的，年轻苍白的脸
大口喘气，他的鼻子几乎
碰到了空气中锋利的刃
他把自己割伤了，打着喷嚏
走向那条刚铺好沥青的公路

# 造型师

从那把椅子上她站起来，旋开一盏镁光灯
“叫我敏敏。”她说。她是一个
年轻的造型师。她要让我回到十五岁的样子
我把自己交给她，像一堵毛坯墙那样
任由她粉刷，修补
她剃掉了我的眉毛，“它们看起来
可真够杂乱。”然后，开始在我的脸上
劳作。她喷雾，扑粉，画好眼线
又将我向上弯的睫毛，夹得更弯
“这儿，鼻梁还不够挺……”
她迅速地刷上一层粉底
后退几步，以便从各角度观察她的作品
“发型太呆板……”她自言自语，口渴了
给自己倒上一杯水，跌在椅子里
然而，我从镜子里看到，不过两小时
另一个人的面具，已穿上我的骨头

# 窝 藏

除夕了，爷爷从鸡笼里
捉出两只鸡
说要给孙子，吃上大鸡腿
刀子已经磨得锋利
多么美丽，高傲的贵妃鸡
眨眼就在地上胡乱挣扎
我的儿子，前一秒还欢呼雀跃
后一秒嚎啕大哭着
说要报警
把凶手抓起来

一整天，爷爷都歉意地低着头
大人们小心翼翼
不再提那件事
好像我们真的
窝藏了一个
十恶不赦的罪犯

# 麻　醉

每一次将要睡着，都以为是在麻醉室
都以为，碰到尘世的坚硬
是手术刀割皮肤的声音
想起那场手术
麻醉师穿着绿色手术服
帽子也是绿色的
他拿着针头，捏起我的手臂：
“听我的，睡一觉
疼痛就会消失。”

的确，暂时消失了
似乎一切从未发生
只是麻醉剂的作用过后
那伤口的剧痛
让我忍不住再次被麻醉
但不知道是否还有人
将我推出生活——
这间巨大的手术室

# 39岁那年的母亲

她的外婆死于39岁
她的母亲死于39岁
她母亲的妹妹死于39岁
仿佛一个古老的诅咒
这个秘密
她必须独自悲伤地守着
像守着时间的定时炸弹

“假如发生了，就是命”
后来她轻描淡写地
向我们描述
那一年内心的海啸
全被她退入一声叹息里

可我记得那些年
她常常走到山顶
走到岩石后面去了
有一次我跟在她身后
在外婆的坟头
她烧一堆一堆的纸钱
祈祷词只有一句：
“求求你，保佑我两个女儿”

# 黑夜的火光

我见过在城市
盛开着，红色花簇一样的
火光。那天晚上
我游荡在北京街头。空气
又干又冷
经过一个十字路口
有人在烧纸钱
我走过去
伸出冻僵的手
火焰后面的人，抬起头来

我同样见过
散落在荒山上
人的骨头，在黑夜
燃起零星的火光
好像是对人世的回应
微弱，却终于
在这世上，显目了一回

# 所有先于叶子盛开的，我都称为木棉或者故乡

在北方街头，院子里
随处可见的白玉兰，在风中
保持着秩序，厚重
并不轻盈。甚至
在深夜，偶尔听到
某一朵，坠地的声音
发出微小的轰鸣
“多么好的木棉”

多像是粗心的孩子
需要不断纠正，才能记住
陌生的事物
当我远远地，看着它们
“洁白的裹尸布，带走了故乡的亲人”

多像是，故意说出的
更多时候，我把它们
看成了初生婴儿，光着身子

在枝头，蹬着小腿儿
多像是，缩小了六倍的儿子
在我身体里，一天比一天
蠕动得频繁

# 好像花瓣

白玉兰盛开得太过迅速
明月趔趄了一下

桃花开在监狱里
这动人的春天
让路过的人，一次次
翻墙而入

那天清晨，我在树下等人
看见那则新闻
美丽的入殓师
第一天上班，双手颤抖
拿起胭红
在一个溺水男孩的脸上
画上淡淡一笔

好像花瓣
重新回到枝头
好像又活过来了
流干眼泪的母亲
朝他张开双臂

# 最好的风景

父亲住的病房，在走廊尽头
对面是一排居民房
几片尿布在风中飘荡
我听见婴儿哭声，从五年前
儿子出生的那个春天传来

病房右边是开水房
从窗口望出去
一条曲折小径
通往低矮的白色房子
刚刚有人从那儿哭泣着回来

我的心猛地抽紧
逃回父亲的病房
他正慢慢吃着一个苹果
眼睛盯着窗外
顺着他的视线——
那儿有最好的风景
一座中学时代的山，密集地
扎满了阳光，青竹，松树和柏树
我曾在日记中写到过它们

# 我们喝过的水

那些年，我们的暑假生活
就是每天赶着牛
去山坡上，边放牧
边采收青麻
口渴了，就匍匐在
雨水坑里，满足地
喝上一大口

后来在上海，听诗人张二棍
说起他在地质队野外作业的经历
当他说到，牲口一样俯下身
喝牛蹄印里的水——

我的喉咙呛了一下
多么相似的经历
时光中朴素的事物让我们
低下头来，坦然，不悲伤
并且直到今天
仍心怀感激

# 花果山记

在东兰，花果山
我们遇到的是：
清露。红枫。
黑岩石上有脚印
金樱子和酒。
羊粪球
生羊血
一场雨中落下的松针
踩上去有沙沙声
我们没有看到羊

# 豹　子

秋天的阳光下，在纠缠的
豹子。在追逐的豹子。在蓬勃向上
生长的豹子。它们出现在
电视屏幕上，三只雄豹子
正扭打成一团。它们争斗的原因
是为了一只
浑身长有美丽花纹
眼神清澈的
雌豹子

我坐在藤椅上，“咕咚”咽下一口橙汁
看见那只精英豹子
打败了其他两只
它和美丽的雌豹子
同时朝森林深处
望了一眼

# 幸　好

“你随便说吧，我什么都干过。”
雷蒙德·卡弗，一个普通人
他那双粗糙的手
在阳光下挥舞
并没有被锯木厂的利刃锯断
他来到停车场
在发出霉味的仓库里
搬运，清洗
得到食物和钱
这之后，他回到那个租来的屋子
在餐桌上铺开发黄的稿纸
哦，谢天谢地
幸好他没有放弃诗

# 发 言

那些枝蔓一直延伸到了屋顶
最后遮蔽了天空
我走进亚麻地。我看见了褐色的麻花
印在我的粗布纱上。在十一月的露水中
灰色田鼠叼去了我的清晨

但我只告诉你生活的冰山一角
我嫌自己表达得足够多
而侵犯你的想象
如果我曾经喋喋不休
请原谅，那是我遭遇了低谷
一旦我走出这片荒地
我对生活的发言，将惜字如金

# 在南宁港空寂的码头

很快，这里将弃置不用
玉米、豆粕和鲜鱼，装运它们的船只将绕路
抵达另一个码头。每天来此等候买鱼的人
去了新的集市。一个搬运工，来自隆安或蒲庙
脸上有沙砾的印迹。他忙着整理行李
脸盆，衣服，吃饭用的锅碗，统统塞进麻袋里
被褥已用麻绳捆好，放在门前的空地上
他最后一次走进屋子，出来时手里多了
一个口盅，一把牙刷
他把它们也塞进麻袋里
之后站着抽了一支烟，抓抓脑袋，想起了什么
朝晾衣绳上，取下那条红色裤衩——
刚才它还在风中，哗啦啦的，旗帜一样飘扬

我们来到此地
既非买鱼的人，亦非搬运工
我们远远地，站着拍照
试图定格这空寂的码头
儿子用玩具铲专心地挖掘沙子
那个挑行李的男人从他身边经过
大声咳嗽着，再没有回头看一眼
这空寂的，最后的码头

# 父亲深夜来到我家

父亲深夜来到我家，他从中华路带来的
一阵冷风，惊动了客厅里的植物。
“老家在下雪。最后一趟火车晚点，
整整两小时……路上连公车的鬼影
都看不见……”
他搓着一双大手，上面的老茧一只只豁开口
它们要说些什么

我要煮一碗热汤面，他阻止了我
“算了，我不饿……”但他管不住自己
肚子里的空气挤来挤去的声音，
它们揭穿了他。他一生都这样，不想给
任何人哪怕儿女添一丁点麻烦

他站在厨房门口，跟我说土地上的事。
“香蕉卖了，价格贱得像路边的
鬼毛针……”我从墙壁上的影子，看见
他瞳孔里长出荒草，瞬间又倒伏
他坐在餐桌旁，局促地，细数自己一生的
命运，像这片不走运的土地

父亲，但我怎么能怪你
我也同样被生活狠扇耳光
被它那只巨大的手，往嘴里灌满黑色泥浆
我们该做些什么假装什么也没发生
置之不理：土地上的亏损、债务，苦难
梦想熄灭。直到接受这一切，直到——
丢弃那假装的面具、踩碎
重新穿上鞋子

# 有一次

他不顾一切，攀爬在黑黢黢的山岩
林地有蜿蜒的曲线，在秋天的庇护下
显得柔和。他惊讶于这一切：
比平常更为接近的星空
月亮硕大地，悬于头顶；
多么凉的风掀动着他
远离人群，所有的渴望消失；
月光像两只白鸽子
落在他的肩上。
面对山林，他想大声呼唤——
除了这一切，再也没有别的
能使他心动。然而
他站在巅峰，喊得喉咙快要破裂了
但是群山仍静止

# 最后一块长草的土地

风从遥远的大海那边吹过来
越野车从早晨开始出发，走到尽头
已近黄昏。仿佛时光过去了一个世纪
一张油亮，密实的蜘蛛网
爬上蒙尘的后视镜

仍然没有消失……最后一块长草的土地
坟包一个接一个地，鼓起在暮色中
透过房间砖墙上的洞口
望出去，香蕉树流出白色浓浆
这大地所赠，黑夜为之伤痛的乳汁
返回并不明智。荒地里磷火虚弱地跳跃
那儿沉睡着一个个古老又陌生的灵魂
我们停止拥抱，坐下凝望
在他们方形的房子上方
谈论他们曾种下的蔬果，土地上的劳作
以及涨潮的大海带来空气中的咸味

那是农夫们在夜晚的灌溉
白色圆顶的水塔像教堂似的

矗立在道路旁。当我们经过
听见水声在水塔中响起
什么也没改变，过去的时代并没有
过多参与我们的生活。除了
我们从叶缝中仰望星空的时候
视线稍微改变了方向

# 第二辑

## 土地有它自己的脾气

# 火车停在广州东站

凌晨五点，火车不再吞进火焰
它把我吐出来，像吐一个烟头那样
随意地，吐在这个城市的站台上
我打量这个陌生的地方：
肯德基餐厅。地下通道。路牌。
没有完全苏醒的树木。巴士站。地铁。
匆忙赶下一趟火车的人们。和我搭讪的
陌生人。酒店。行李箱。清洁工。垃圾桶。

等着拂晓，阳光将事物照亮
这一次，我体内备足了海绵
将这世上的有毒物质
都挡在自己的肺部，是为了
让你清新地去爱

# 上尧码头

有一次，我路过那儿
悄无声息的码头。时间尚早
低矮的电线杂乱地横在空中
那上面晾着男人的T恤，裤衩，糟糕的生活
如果有人从那堵墙的后面走出来
在这个早晨，突兀地
出现在空空的码头
我会像只驯鹿那样跃入曙光
但是没有人，除了几只麻雀的到来
它们衔走清晨的一部分
又迅速飞过江面

我曾以为那是双月湾的海岸线
但是我错了，阳光的阴影追逐着我
从天空垂下的巨大花冠
罩在我的头顶，让人窒息

## 春天，一大群蚂蚁聚在草地上

在召开一个重大会议。一开始
它们激烈地讨论，众多的腿代替手
举在空中，争取发言的机会
它们各持己见，似乎谁也
说服不了谁
渐渐地，会场开始骚动
蚂蚁们纷纷站起来，有两只
甚至穿越会场
面对面，甩着大脑袋
用我听不懂的语言，用我
听不到的声音
粗鲁地喊着什么
就这样，我看着它们
无声地争辩，直到它们的会议
解散，一只只跨过小沟，各自
奔往自己的去处。我想起一个
频繁穿梭于南城的人
蚂蚁一样，总喜欢
用生活之外的语言，跟我
打哑谜，押注我的命运

将我推至这个春天。这个下午
一大群蚂蚁聚在草地上，聚在我
乱麻一般的生活里
开了一个我不知情的会议
这让我看起来更加孤单，可疑
像个怪物，站在春天的暮色中

# 她弯着腰，度过了她肉体的一生

有时我们从黄昏的河滩回来
看到她长久地，在灯光里扫地
她手握竹枝扎成的扫帚
要扫净这屋前屋后的
每一片枯叶，包括她身体里的
每一粒尘土。她的腰因为早年痛风
而永不能直立，她弯着腰，度过了
她肉体的一生。双手撑在膝盖上
经过她的光线、时间，从河滩吹来的风
和言辞，都不由自主地
弯曲了一下

# 自然的方式

自然以它自己的方式
跟他达成了和解
他们坐下来，点燃枯草，面对面吞云吐雾
坟冢立在地头，地里麦苗青翠
坟冢上的草也长势良好
不时有鸟雀飞来，落在生长着的地里
也落在坟冢上。鸟雀叽叽喳喳
它们知晓世间的生，世间的死
都在同一座索桥上，丢掉了铁链子

# 猫儿山以东

有时，我独自一人
走到很远的地方去了
仿佛有风在推着我

当我到达华南之巅，我看见了
低处更为美妙的事物。在它的东边
一条通向纵深的小径
我沿着它，越走越远
渐渐远离了高处和众人
渐渐地，听不见
他们的谈笑声了

我穿梭在灌木丛中
群山将我掩藏
群山啊，藏着顽石像藏一块璞玉
那么窄，又那么广

# 滞留的时光

整个夏天她闲坐在一张稿纸的边沿
无心阅读，也无心睡眠
她嗑着瓜子，在黑暗的角落
一根一根数自己身上的肋骨
她偶尔出去走走
和空气和阳光打声招呼
当她走在街上
感觉自己的身体下沉时
便停下来，抬头，看对面的大厦
这是哪一天的早晨
风中握不住一粒米黄色药片
她恓惶得像只猫，加快步子往前走
于是，她听到布袋里的矿泉水
发出哐啷哐啷的声音
那个声音让她想起自己的身世

# 粗糙的判断

一个孩子抱着另一个孩子。在新鲜的
稻草垛后面。一个悄然死去，手心仍然有温度
一个熟睡着进入自己的心脏，他的脸埋在
风雪帽沿里，潮且黑
两个孩子（看起来都像是，死的）
紧紧倚着草垛子
从草尖上垂下来的，又长又尖的冰
正好对准他们的喉咙——

那喉咙已停止歌唱。现在，他们的嘴唇变成了
紫色的，但并不像
紫罗兰的，紫

这一切连接着世界：一个通入大地的
永久性睡眠，他自己也不知道
死去，渐渐等着僵硬；
另一个双脚被地心吸附于此，他暂时可以
再次醒来，观望那消缺了希求的尘世
它们不久将变成同一种方式，同一种

# 空缺之诗

雨水、沼泽和水草，渐渐取代我们的膝盖
我们想起某桩往事并亲自
到那儿践行：将突兀的岩石扔进密林中空缺
的洼地，用土块填平
然后我们隔着土，使劲踩那岩石的
喉结。其中一人脱掉帽子，盖在岩石曾经
矗立的地方，退至一旁。仿佛
他是在举行一场葬礼，为我们浅薄的婆娑
葬了多余的枝蔓。剩下一抔土，需要自己盖上
还得花费时日与精力。我们走动，脸庞因为
缺水而浮肿。太阳如同搬运工
将五个人的阴影，从那儿搬到这儿
但我们毫无知觉

# 只差一步

那是一道闪电的开始。阳光的移动
刚好制造了一片
槐树阴影。跳探戈的女人
双脚钉在大地上
她表情严肃，仿佛另一个人贴紧她的脸
追逐、躲藏、踢腿、腾跃、270度旋转
——她搂着一个不存在的舞伴

在一个断音处，她突然停顿。她是一幅剪影
是未完成的雕塑。望着空荡的前方
似乎在等待下一段旋律
或者未出现的人
她深吸一口气
我听见黄昏咔嗒一声，将她关入太阳背面
舞曲仍在循环播放：只差一步。
只差一步。尚嫌不够。永远是这样

# 状 况

万物置我于世上。教我忍耐和前行
万物置我于群山之巅。教我孤单，停顿
万物置我于陌生的风景，教我欣喜
万物置我于落日下。哦，天空低垂
它占领杂草丛生的土地；犹如躯体
长年累月，为我的灵魂所租用。
秋天的鸟雀跑到山的背面
不久将传来消息：它们啄去巢穴——
那停放我将来作为一副白骨的地方

# 他的手使一盆水升温

风知道这一切：支撑好的画架，随意
扔在地上的颜料盒，散乱、未来得及
整理的储物柜，旧日子
他抛掉烟头，首先在画布下方画了一条水源
屋子里立即水声潺潺。他弯下腰
又在画布中央画了一片草原
斜吹着的风，使草们往一个方向倾
他接着又画了一个女人，那女人正好
背对着我们，让人看不见她的脸
这么做并非没有目的：只有他看得见
他眯缝着眼睛，对那背影端详了一会儿
燃掉另一支烟。最后他在画布的右上角
画了一个太阳，屋子里顿时蓬荜生辉
他扔掉画笔，把手浸入一盆水里
他感到盆里的水慢慢升温，上涨，溢出
渐渐淹没了他和他的画室

# 丧 事

有一天她咽气了，就在自己的家中
她的六个儿女从各地赶回来，有的悲哀
有的心情复杂，有的脸上
露出一丝不易觉察的喜悦
在她的丧事上，吹鼓手敲敲打打
人们说起她的好
说她又老又美
这些议论她的人，坐在她生前坐过的
条凳上，嗑着她夏天种的红瓜子
炉灶里燃起的柴火，是她一个月之前
从大不界山上打回来的
那时她有的是力气
现在，她睡在那个窄窄的木匣子里
看不见说话的人，也听不到这些议论
她神情安详，双手服帖地垂下
身上穿着自己缝制的寿衣
她的小儿子，三十岁，凝望着她
在她左手的中指上，那儿
发现一个细小的，缝衣针留下的小洞

# 梭罗乐意邀我去湖边耗散时光

梭罗在湖边建好了小木屋，他从康科德镇
发来电报
问我是否愿意
离开城市去湖边，像他一样——
渔猎，耕种，漫游与沉思

他有一颗自由的心。有犁铧，捕鱼器和
湖光山色。整个瓦尔登湖是他的，天地是他的
也是我的，他邀请的客人的

冬天他在炉子里生火，烤面包
凿开冰面钓狗鱼。玉米地里摘来马齿苋
梭罗内心有只土拨鼠，从田间
蹿到地头。蹿到某个寒凉的早晨
他的桌子上。他读一本《伊利亚特》
翻到第三页，雾就会从林子里奔出来
只为他一人拂水袖

他做一本简朴生活的明细账：
心获得全部。全部的

我想了想，便在一首诗里
计划好了行程：从南宁到马萨诸塞州，到
康科德镇，到瓦尔登湖。只需四秒钟
给我四秒钟的行程，我便是
天与地的素心人。作为回报
我想给梭罗带去尘埃
相对于喧嚣之外的世界，尘埃是我唯一的礼物
我还将带上我自己，这么沉，这么暗
给大地一丝阴影。大地需要这些

# 今天是安静的

鸽子从广场起飞，时光是安静的
它们衔着地上的面包屑，面包屑是安静的
它们经过我，落在我肩上，啄我发
今天所有聒噪的人，都压低了声音，是可亲的

我没有死，在一大片雏菊当中
我活了过来，今天，它们是安静的
还有更多的事物，我平常忽略了的，原来它们
一一都在我身边，在午后，寒冷的空气里
它们成全过我的繁盛，衰落，今天更是如此

# 土地有它自己的脾气

土地有它自己的脾气。
有时，它为我们生长出稻秫，甜而多汁的果子
有时它只长出荒草和荆棘
它长出无用的三角刺随风摇摆的野麦子
它长出江河流经一个又一个村庄
它为我长出了你
那些死去的因此又一次活过来，重新生长

# 反　面

那是个诗人。他们说，但她不喜欢交谈
她避开各种形状的镜子，水泊，大理石，一切
反光的地方。它们映照或遮蔽大地的秘密
相对于判断，显得力不从心
她穿着平跟鞋赶路，像一阵稍纵即逝的风
但在穿衣镜的反面，她遇见了
荒草般的自己，她甩一甩脑袋
第二天去了理发厅
在那面光洁的圆镜前
她紧闭双眼，让造型师把她的头发
弄成了蛋卷状。隐约，她听见
蛋壳碎裂的声音

她踩着那些碎片，上了204路公交车
一只手抓住铁环，在发酵的人群中
昏昏欲睡，错过了站
当她抬头，黑色窗玻璃上映出法令纹
多么深的时间的沟壑，紧攫住她的额头
对此她并不介意。扭过头，下车
滑入下午的热浪，带着
她的新发型

# 银河之夜

我也有一条铁道，通往银河
它铺在白云上，冷冰冰的，比彩虹还动人

那天凌晨，我生下一个孩子
他清脆的哭声像是从月亮里传来
他有银河系一切肃穆的美和悠远

他游荡在我黑夜的铁道上。没有一辆列车
沿途到处都是，紫色闪光的龙胆花

# 清　晨

这个清晨显出宽广的宁静

葡萄架在风中扇动着叶片，果实已被收走
三只麻雀，各占据一根电线。偶尔，
它们起飞，或停落。有时经过我的心空
我想念那块石头，躺在路中央
晶莹，来历不明

我怎能哭泣，面对这个清晨宽广的宁静
缓慢走动，阳台上吹着风
我的孩子，脸上挂着昨晚的泪痕
他的小手、一小片饥饿
停在我的乳房，尚未醒来

# 青麻地

爷爷陷在藤椅里。被酒蛰过的
嘴唇，还在发紫，抖动。
他看远处的山
叫我：乔，打瓢凉水
我远远地站在他背后。他的身后
是一片青麻地，我的心
落在那儿，不止一次

我站在千里外的南宁
听见他唤我的小名
一样不知道自己
身后有多么辽阔

上了年纪的姑姑，行动越来越
像奶奶。她正拆洗一床被褥
听见喊声，向后望去：
哦，只有一片青麻地，在风中
哗啦啦响。爷爷已经熟睡
不再叫我，乔

# 一　度

一度，纵使那尖锐的仰角带来木门之疼
和一只渡河的狮子，转身形成铁锈堆积的
钝角。甚至黑黢黢的山冈，作为填补我们
生命中看似缺席和坠毁的
那部分：一度，仅仅将虚妄所剩有的
献给岩石或木本
沿着群山，我们相对而立
夜晚一度在你我之间逡巡，欲言又止

# 2015年最后一首诗

这一年，三次进医院
先是我，接着是父亲，再后来
是幼小的儿子
上帝要让他的骨头经历重生
十小时的麻药等待阶段
他嘴唇干裂，饥肠辘辘
一遍一遍地问
妈妈，为什么没有水
没有面包
可乐倒在杯子里
为什么像夜幕降临
我想咕咚一口咽下去

多么好的安慰啊
爱着，困苦重重
天空倒出泥沙
我们一起，咕咚一口
咽下去

# 搬　离

他们搬走了我的桌子、口盅和文件
水养的绿萝也被倒掉水
装进一个塑料袋里，连同那个背电脑的
工人一起离开。看着这间腾空的办公室
不知该说点儿什么。下午的阳光
从后窗爬进来。满是灰尘的地面
被照亮。我竟然与这些尘土
相安无事地共存多年而毫无察觉
在秩序的上面。它们被太多东西遮蔽，直到有一天
无辜地显露在阳光下。我将抛弃它们
到一个新的地方，继续耗费光阴，激情
血质的孤独。我需要这样。可爱的同事
在对面新装修的大楼走廊上
笑着向我招手。我关上窗，但没能
关住阳光。帘子已被拆走
像每一次搬迁，我抱着物件
最后看一眼那个有自己气息的地方
走出去，反锁好这道门
钥匙交给另外的人，或丢掉

# 大不界山

雨走了。那唯一通往山上的
路，消失于常年累积的松针
湿气渐重。阳光不能抵达于此
一个人走近。身体在山中
心在六十年前的黄昏。两个年轻人
一个绿，一个白
均离经叛道，隐于丛林中
而风起伏。风有一张
散播桃花之秘闻的嘴巴

有人从此处经过。樵夫装扮，青衣白头巾
世俗不会闲逛到这里。世俗有一个
散乱的根系：庞大，可恨，可鄙
可诅咒。可以刻骨铭心

几年后，一个小小少年，唇红齿白
空着手到来。他不知道此处
有爱凝固。是两个亲人的。与他有关的
此处又叫做——大不该，是世俗的名
与他无关。与他有关的，是大不界
界，永无界限的界

# 我有一辆火车

就让它这样开下去
开到你想要去的每个地方。永远
不要停。它带动的每一阵风
它哐哐哐的每一声喘息
都要固执地抵达你，你的
清晨和夜晚。是的，我有一辆火车
它不会拐弯，不会闹脾气
它会陪着你一起年轻、衰老
它就这样往前开，开着开着
就会慢下来。它身上的油漆
一片一片脱落，变得
连你也认不出它来。它身上的零件
也一件一件锈蚀，松动，直到它
再也发不动时间的马达
那时，你会不会在
某个荒野的小站旁
开个修车铺，门上写着：
修理各种车辆，包括火车

# 然　而

陷在凌晨的腋下。马匹站着酣睡
那洗盘子的女人，有湿漉漉的手和孤独
她听见盘子碎裂，时间的胎位移动
我们头朝下，星空广阔，在下
当她抑制不住猜想这些时，她的脸部绯红
她想用故乡的语言去纠正那些本地马
可倒春寒使喉腔冷却
昆虫们集体在清明前噤声
所有的夜晚都集中到这儿
然而她还嫌不够多。桃树已经结出桃子
等到五月，人类把它们摘走
鸟雀们会缺少食物
打开山中屋宇
东方的鱼肚白会蹿进来
尽管蝙蝠像个黑色的文件夹，倒挂着合拢它
然而只过了一刻，她便倒头睡去，在
未洗完盘子的长凳旁

# 最甜的秘密

那年中秋夜
我们忙着把家搬到麻村
一张旧床，一套桌椅
一台组装电脑，一个行李箱
月光将街道照得银晃晃的
也照着我们的全部家当
当它们像馅儿一样
塞入那间租来的房子
时间已将月亮驱赶至深夜
我们逼停身体里旋转的陀螺
从尘世中抬头
发现了夜空最甜的秘密

# 他走进集装箱

码头的装卸工纷纷走下船舱
有一个远离了同伴
他看了看江面，点燃一根劣质香烟
路灯下他的影子
像一件揉皱的衣服
摊在大地上

他回想起开着汽车去江北大道
朝江面扔出一颗石子
那是很久以前的事
现在他的头上沾满草籽
经过红砖房时并不停留
最后，他走进一个集装箱
里面亮起了灯

# 静静伫立

这被太阳烤热的土地。蓬勃生长的水稻，刺槐
我们爱过，在它上面劳作过。有时，我们
为一阵偶然吹来的风奔跑。沿着河岸
那儿吹来金银花盛开的香气
一座生锈的铁桥
通往镇上。在果园的木栅栏后
怀孕的女人静静伫立
脸上带着一种虔诚、圣洁的光。
她看远山，看远处的田野
仿佛这一切，都将与她体内的相遇
风悄无声息地回到河岸
它不会远去

# 雕　像

他张开的手臂有遥远的、未知的、无限延伸
急切言说而又哑默的空间——
一个无法收回的姿势。在静止中，一切
肃穆的时空里。有人哭泣，或叹息
在他的周围，粉尘飘浮
而我们看到的是：
一座不可侵蚀的雕像，从他的身体里
犹如大理石一般——他刚刚完成了自己
内心从容。午后的影子偏移了一处残垣
他立在原地。在他的手臂下
栖息着四个孩子的光阴。大地
正收拢它自己的一个补丁

# 南方来信：问题

乌鸦退回到夜晚，栖于枝上
成为黑夜的一部分
黑夜会因此
增添一些厚度吗

灰色的土拨鼠，深藏在泥洞
与大地连成一体
大地会因此
高出海洋一点点吗

十二月萧索的风，灌入山口
山口鼓满鹤唳之声
石崖会因此
满溢而爆裂吗

墙壁嵌入镜子，静静地
与时间站在一起
镜子会因此
失重而倾斜，而连着旷野吗

一个人，走在道路上
身影越来越小，很快
消失于人群，没有踪迹

# 拍照

莫大叔和莫大婶
一生只拍过三次照
一次是身份证件照
一次是恋爱时，在照相馆拍的
莫大叔的手轻轻地
搭在莫大婶的肩上
还有一次，是他们的结婚证件照
俩人在黑白影像里
笑得像两颗纯洁的黑葡萄

那天中午
我路过他们新起的房子
莫大叔拉住我：
“给俺们拍张照吧……”
他们掖好衣角，笔直地
站在我面前
像两个刚入伍的新兵
我屏住气按下快门
照片上，莫大叔的手
被莫大婶，羞涩地打了下去
因而一直悬在空中

# 虎刺梅

新烟小学的围墙开满了虎刺梅
我站在小桥上，镜头调了一下午
还没有拍出它们最美的样子
太多的刺遮挡着它们

孩子们围过来
我打开镜头盖
直到电池耗尽
才看见那个小女孩
她头发蓬松，手指上缠着胶布
躲在人群后
是一朵我聚焦了很久的
虎刺梅

# 不合时宜

洒水车穿上它们的白色油漆
已经去了西城或更远的石埠奶场
远雷带来一场不合时宜的雨
它们的懊恼就是我的懊恼
在我待过的一个简陋的办公室里
旧空调滴下的水滴，弄脏了褐色木地板。
我失手碰翻一只咖啡杯，它完整但流出寒湿土地上
种植的黑茶所浸泡的暖汁液
我在诗会现场走神。喝少量的葡萄酒。并没有
朗诵自己的诗。当我念出句子
声音改变了一首诗的初衷
当我们置身某地，从未觉得贴近那儿
坐在椅子上，手臂和腿是空中垂下的四棵吊兰
这是星期天。以及更久的某一天。
胡桃里酒吧。诗歌和摇滚拥有同样迷人的气质
白衣主厨用意大利语唱的《桑塔露琪亚》
声线跟他的美食一样美和宽广
酒吧外面，大雨刚洗过一座城
从巷子另一头吹来傍晚的凉风
你看到时未必就是真实发生的事

# 荞麦地

为了吃到荞麦我又来到坡上的地里
一只鸟儿落在那里，在刚出土的麦苗中间
它几乎静止着，像是谁往我地里
扔了块褐色的石头
我站在地垄上，没有出声
看着它终于来回走动
为了吃到麦粒它认真查看麦苗的长势
掐算着何时抽穗，何时收割——
这让我深信，它才是这块地的真正主人

# 一个法国乡间小镇

兰斯昆尼特在飞雪。异乡客薇安娜
携带巧克力秘方和女儿，逆风走在
通往陌生小镇的路上。她往前方望了望

他们的教堂尖顶严肃而冰冷，伯爵先生
穿着黑色大衣，坐在案前
不苟言笑。而从北刮过来的一阵大风，
把他的门吹开。他关上了门
风依然从各扇窗户，吹进小镇
人们走在风中，感到它的甜
和辣，它的宽容

拒绝一些看似坚固的东西，要比抗拒
一场风要困难得多。抗拒一块巧克力
一个陈旧的小镇，有它的松懈
它使一艘流浪的船停下来。让人们开窗
雨中的石雕走下基座，有了温度

# 失眠诗

深夜变得辽阔而不可预知
大地上的一切细小声源
都高举着扩音喇叭
我睁眼默数心中的绵羊
直到它们
消失在世界尽头

# 第三辑

# 真相

# 渐　变

她们将他绑在自己的舌头上，偶尔咀嚼
一些遥远的夜晚，她们又会把他
放在一扇玻璃门后面，为了
茫然的陌生人。她们喜欢
故事的存在，或发生
她们相约午后去墓园里
回忆起秋天的时光
他的夜晚，很快消逝
两个新鲜的孩子，从昨天
以光阴的速度取代了他

# 我的河流

我走到我的河流边上。我坐下来。
我走了很长的路，从冬天就开始了。
我坐下来。终于到达我的河流边上。

我的河流想了想，要把水抽干。我的河流说
它裸露的河床，比什么都美，都深沉
它装下的蛙声，比大海宽广和汹涌
我笑了又笑，沉默着听它说，直到我
疲倦地睡去

我的河流没有准时叫醒我。在次日日出时刻
这一天，没有人出售抽水机，并没有

# 短　歌

我去跟死神会合
白色墙壁的房子
有只小兽要出远门
我去给它送行
请一切活着的，死去的人
和事物，为它让出一条狭窄的道
请让一让，有只小兽它要
出趟远门，和我的心一起

# 春　天

万物在春天发芽，生长和抽穗
也在春天生病
春天里有叶落，腐烂
春天荫蔽着尘世
春天啊，多么虚弱的力量在呈现
枯朽的树桩长出了白蘑菇

# 天　空

在一朵不祥的云中卸下马鞍
卸下它沾染的尘土
“带血的白色小肉团，上面落满泪水”
天气阴霾。有人在暗地恸哭
哭尘世的苦和命运
天空并不因此而弯曲

# 共有的方式

方言只会使她孤独而非孤立，在
那裹着印花头巾的瑶寨。她来到时他们
正说着某事的来龙去脉。她侧着耳朵倾听，
但并不懂得其中含义（除了某些音节的碰撞，
犹如铁在铁器时代，发出的兴奋尖叫）
她假装听懂并露出微笑，以此应和
那火炉里因为燃烧，而哔啵作响的木炭
她的脖子雪白，人们用青瓷碗舀出箍桶里的
烧酒，灌入她的血管。他们把她变成了
晚霞般的颜色。她靠着一张八仙桌，将要
睡去。他们继续用铁碰撞着铁的声音谈话
从坛子里倒出腌肉、霉豆腐，倒出低低的吼叫

整个冬天，她走在热情的烟火与冻土上
但是再往后，到了春天，她便从这儿撤离
人们看着她从酒罐中间穿过去
于是堂屋中刮起了一阵东南风

# 凌晨两三点

我们走动。像个梦游者那样。像
弃置已久的，旧水井
无人来汲取。
青井台上的草遮蔽了世界
时间为巨大的慈悲而准备

无人能敌。夜再一次
拱手相让

# 请从我的生活中减去这些东西

请从我的生活中减去这些东西
减去电钻的切割声。车流声。搅拌机的轰鸣
清晨邻居的吵闹
隔壁女房客夸张的呻吟

请从我的生活中减去这些东西
减去十年前的一个夜晚。南宁街头的
一次风吹。暗中浸了毒药的刀子
冗长无趣的会议。米非司酮片。呕吐物
空洞无物的发言

减去思想。键盘。桌上凌乱的书籍
减去牙疼。假意的笑。减去诗
在必要的时候减去我——
这最后的，沉重的
不再喜爱言说的肉体

## 2008年6月，麻村

今天我将以另一种姿势起床
从我的身体里，从这张小床上
从我的盲肠，从这扇门
这个猪肝色的门牌号，有耗子歌唱的窗台
从我此刻占有着的伪生活的真实里
我将郑重地起床

从两个相互抵触的我，果断起床
我的双唇上有一群嘤嘤嗡嗡的声音
它们激烈地争辩生活该对美学还是
伦理学负责。我的双手安静，叠放在自己的
后脑勺上，停留了一刻
看见滴水观音又滴下了一滴水
一个巨大的虚空，正在到来
我穿上衣服，迅速走出这里
穿过民族大道，途经气象大厦
前往编辑部，赚取我的口粮——
我的，我们的，共同的
现在我感到了它的重量，它建立在
虚空之上的样子，看起来那么真实

# 野外，一大片白茅

一大片。在野外，它们有最柔弱的腰
没有经过驯服
随意地将皮肤
露在风中。它们撞击我的手臂，湮没我的
肋骨，它们的边缘尖利，擦着我的脊背
我在它们中间，看见尘世的生命：
落寞，欣喜，固执
落日正照着我们。残缺和完整
全都在这儿，一一呈现

# 凝聚力

如果这么多的潮湿，来不及烘干
仿佛火山的一个缺口
孩子们会害怕这突变；会猜测
一只巨大的海龟，在地底下翻身
甚至，它撕咬他们的衣服、头发以及意志力
而远处，一群橙色和橄榄绿忙碌着。他们
手握生命探测仪；他们跪着，几乎用舌尖跟随
仪器的探头，一起伸进废墟：生命
正伏在他们的肩膀，像一群从噩梦中醒来的
水蛭，暗黄、虚弱，需要一张网
低低地升起。他们挪开砖瓦，喘气——头顶上
星空斜着，陈列两种色彩：一丛橙色
像火焰；一丛绿，像世界的森林，泛着光

# 不能止息

他趴在一截残垣上，不肯离去
我还可以再救一个，他说。我等待
一个需要我的声音，穿上完整的皮肤和光线
来到我身旁。我还没有经历过，这么多的
悲恸：持续，循环的。原谅我不能止息
我痛得这么慢。像墓地一样矮下去的屋宇
还在继续矮下去。看着它们
那些碎裂的石头再次疯狂地滚落
哦，一生中所有的下午
都在这里
我听见残垣下的眼睛连同裹在它们上面的
尘埃一起，发出渴求的光
它们将我牢牢钉在这里，不能动弹

# 正是如此

她命令她的想法在某个确定的
时间停下来
半个十年削去一半，足够一墙乱草长出来
无数个雨天，将没有什么人
从她身旁走过。而金银花丛和她的额角之间

就要升起一片阴影。在墙的后面
一个带着艾叶气息的男人来了——
他的身上，一团火焰，冬天的风从中间将它
犁开。现在，那像春耕的水田一样隆起的
两团火焰，开始盲目地上升，散开
她的额角迅速明亮，又黯淡下去：
一个深坑的存在

# 空

通常是无所归的——
道路的空。天空的空。手伸出去而脸庞
消失的空。风与镜子的空

通常是具体的——
位置的空。屋宇的空。凌晨时小狗跑过街道
吞掉影子的空。枝头与果园的空。

通常是这样——
一只蝎子爬过石崖，我的心是空的
日子住进来，握紧的拳头
慢慢松开

# 魔　蝎

蝎子睡在锅底上，制造毒液
蝎子摸到了天
星星一盏一盏
迅速地灭了

庭院里，桂花树
抖落了黄昏。秋天的血管渐渐扩张，变绿
暗香变凉。蝎子开始酣睡，它的气息也
凉下来。天幕是巨大的锅底
支撑它的铁架，正在下陷

# 新烟村的夜晚

夕阳滑下山的时候
天还没有黑

黑色的鹅群游上岸
争食一堆苞米
天空还有些微光

炉子里的火生起来
马儿回到马厩
新烟村才陷入黑夜

莫大叔站在门槛上
跟我说他备好了年货
孩子们不久就会从各地赶回来
他右手拿着一把草料
左手一直摩挲着马鬃
我担心，它们会滋滋地燃烧起来

# 热　爱

黑色的鸭子浮在水面上
安静时像一群黑天鹅
我热爱过黑天鹅的安宁
也爱过湾木腊河面上一群鸭子的喧嚣

# 力 量

那看似微弱的，胜过一切
种子顶开玻璃瓶塞
蚂蚁抬着一块岩石般的面包过了桥

羔羊眼里流出泪水
它将人类弑母羊的刀子藏于自己身下

黑色枪口对准一个手无寸铁的男孩
他把鲜花插在枪口上！

# 起重机

到了下半夜，起重机发出一声叹息
停止了它无休止的轰鸣，安静下来

她的脚踝风湿痛，脚印左深右浅
露水慢慢爬上天台
它们很快会占领整个西城
淹没三角形的路灯。浮尘。河堤
客运站是湿润的。蛐蛐的叫声，
以及掩盖它们的草丛，一爿一爿的楼房
也是湿润的

后来她退到天台的角落
感到衣衫泛潮。她脱下它们
在施工照明灯的强光下
起重机裸露的金属的身体
沾满十一月的寒霜

# 晒场上

晒场上扬起的碎屑，刺痛了双眼
她们用亚麻布遮挡疼痛。手指上
胶布泛黄。她们不感叹，不抒情
在阳光下翻晒谷物，喝井水
雨水漫过的大地还未干透。她们
和帆布上的稻子一起，齐刷刷地
发芽了。孩子躺在草坡上
也齐刷刷地，发芽了。这个秋天
她们忽然变得沉默
变得忧伤，如同一株
躺在水里的庄稼，无力
再向上生长

# 声　音

那年秋天，你走到月亮背后突然隐去
我便哑了
我打着一个手势
重复那虚无：
我哑了——我哑了——

直到今天，我还哑着
说不出话
我忘了我的声音
也曾像百灵鸟唱出的歌儿
那么美丽，那么动听

# 挣 扎

清晨，玉米秸在火中挣扎
煮熟了甜香的玉米
饥饿的孩子在秋天啃完玉米粒
留下玉米棒，继续
煮明天的玉米
我感到胸中的那锅水
也要煮开了
泪水隐忍着淌不出来
我尚不知道，那抱薪纵火
消耗了整个时光的人是谁

# 裸　露

河床裸露着。一如既往
呈现大地的真相。我们有时停下来
在它从前涌动的岸边，捣衣石多么安详
我们举在头顶的狗尾草
多么招摇，多么不谙岁月
暮色掀起乡野的静寂，每一个日子
每一个日子。我安放在你内心的波涛
并不安分，并不宁静

# 在西岛

天空太低，而海水太高
任何一片蓝都可以将我的视线劫走
都会让我以为那就是天，或者海

这小小的误会多么好
避开那些微小的雨
我赶上你的时刻
对你，我从来都怕太多的赞誉
会降低我内心的颤栗
我只说：我爱

# 那些有筋骨的石头

走到天女浴池时，月亮还没有落下去
从微弱的晨光看起来，那些石头
躺在三叉江的河岸上
像是谁不小心，遗落了那么多土豆
一爿土豆一样的乱石滩
承受着我的体重和温度
风中不知道谁在小声哼唱
我怀疑是那些石头
它们也会唱歌吗
它们也懂得爱恨吗
我俯身，和它们躺在一起
它们有筋有骨，有山水画，有日月照过
溪水冲刷过的痕迹，而表情丰富
它们身体里的铁
它们身体里的硅
它们身体里的钙和铝
这些密度不一的物质使它们在月光下
发出空旷的声音
嘘，别出声，请走近这些有秘密的石头
带着赞美去倾听

天光打开时，它们会集体缄口
摇摇欲坠

我窥见她，她的疯狂——
她在胳膊上练书法
她往那个局促的空间小心放置
自己的肉体，但我还是听到了——
生存如一张宣纸上的草书

# 摇摇欲坠

一个耳朵上裹挟着禁忌的人醒了过来
在她的背后，一滩墨汁
像黑夜的早产儿未剪断的脐带
摊在地上

# 真　相

她因为一个特别的人
而哭。她并不认识他。他是一个
没有明年的人

他坐在她门前的石阶上，隔着门
对她说起过去。他说他的大脑
是黑白的，但并不
缺少爱。他有一只怀抱草木的手
一头棕色的熊静卧在他身旁
像是他离散多年的弟兄
那么忧郁，明亮

他说风啊总是在吹，时光让他
暂时富有而摸不清方向
他在墙上画她和她的故乡：
眉毛、眼睛、松树林、秋天和坠落
——他是一个，没有明年的人

他说嗯，我相信
他手上的烟熄灭。隔着墙

他内心有一万朵油菜花在怒放
金黄，盛大，无边有际
他走向那儿并迷失于其中
关于这一切，她毫不知情——
你是知道的，她善于虚构

# 南方信札："并不是这样……"

并不是痛彻心扉
是想象的力量超过了呈现
让你陷在他人的时代
你筑篱笆，摘来黄的红的白的野菊花
用小火煨药，想到别的事物，它们抚慰了你
你走神，在别处遭遇幸福、欢乐或苦痛
变成一件旧事物
有时，你把视线
停在某一处，那儿
有你抹不去的盲点
整个世界都变成了相同的
你所爱之人，正在别处的土地
歌唱和劳作，——那看起来也像是你
你擦拭所有的门
每一扇后面，都有一双手，为你拔去门闩
都有你的悲伤在无限扩散，仿佛涟漪
你拨不知什么人的电话，但无人接听
时间是死寂的
你写一封语无伦次的信
信上说到四月花开——

“你看，这些花开得多么明亮
不会使人想到花圈，世界末日因此
而减缓它的来临。”

# “已经到了，危险的程度……”

我们无法从他的声音，听出悲喜
夏天那么容易到来
他在稿纸上不停地画绳索
手指快要僵硬了。他精疲力竭
倒在角落里，听到他的影子
大声地，对他说起那黑色情人节
他用沾满颜料的手，捂紧耳朵，
好让那些声音渐渐压低
消失，像落日那样
滑入夜晚。“已经到了，危险的程度……”
他的影子说。他把头埋入臂弯
想起他曾爱过的那些女子，个个笑靥如花
他其实更喜欢她们
有那么一点点忧郁。不必像绳索
勒紧他的呼吸。“还可以是闪电，或者海洋，
更热烈、更宽广的事物……”
他为自己的想法感到可笑
当他活动自己的手脚
然而黄昏像个立体柜
将他卡在柜门里
既不锁上，亦不打开

# 黄口山

似乎是静止的。
停在二月枝头的亚麻花
依旧是枯褐色的，它们还来不及
坠入泥土，山腰就开始返青
我还来不及呼喊，风声已经
盖过了我的声音

在黄口山上，风扬起我的衣服
山坡那么高，已经到了最高处
太阳排列着事物的阴影：
亚麻，冲天杨，赤楝草。粗糙地
挤挨在泥土间的石灰岩
从来没有人在意它们
在它们心里，高处就是：
自在，有我，和风

# 风吹草低

牛羊不见。只见天空。只见晨光里的
事物：暧昧或纯粹
民歌中的故乡丝绸一般
铺陈在那本
来历不明的画报上
风吹开刺槐旁怀抱柴草的
老妇人的衣襟。她核桃样的脸在阳光下
渐次舒展
但我会忍不住说出
那半裸的乳房：因为哺育而干瘪
那同样因为喂养生活而凹陷的小腹，现在它
平坦得像没有存在过
她站在刺槐旁，比树还苍老
风拂开岁月，屋顶低下去
有草长，有草枯

# 心中的灰熊

浅睡在他心中的那只灰熊
再次咆哮起来，扑向他。“在黑暗，隐蔽的
地方。”这个声音使他发狂
使他不顾一切冲向荒野
你握紧鼠标的手，也跟着他
在旷野的风中狂奔，因为激动汗水濡湿手心
你按住暂停键，想让他
不安歇的灵魂停一停，停在时间的某一刻
但无异于企图熄灭一场蔓延的
平原大火。你眼睁睁看着他
在一部传奇中烧伤自己。他去牧马，去狩猎
生来听觉敏锐，能清楚地听见
从内心的密林传来灰熊的声音
他在暗夜流着小兽的血液，这野性的生命
如此放荡不羁，都是你曾想过
而没有行动的经历
现在你把这经历一再扩大
假装是你自己的一生
以此安慰你那颗青春将尽
而不够勇敢的心，“将众人的明月，

占为己有……”
为此你感到了羞愧，脸红着
把头埋进臂弯

# 够不着的七月：营地日记（节选）

## 1. 星期日

但是他将那明净的绿色火焰绑在了高高
荡起来的秋千上。
柏木林。队列。有壕沟的打靶场。
这陌生的寥廓
正被一种看不见的形式环抱并在其中
绵延。迎向它。既然这开阔保持于一些
可以穿过的屏障里——遥远的
四面长长的墙，和有着硕大树冠的
小树林子

## 2. 时刻

那个眼睛里潜伏着大海的士兵，正收起
菜园子里的黄昏。他经过打靶场
风的队列，就开始不停地集合与解散。
他指挥着一个庞大的不规则阵营
那儿，热气蒸腾。一大锅白灼虾和洋葱
从内部听他的话

有时他忘记了锅里。在蒸汽中走神了
一阵离队的风带他去了很远的地方
炊事班班长，那个满脸青色胡渣的人
及时出现在厨房窗口。他抛给他一串铜钥匙
“也许能打开时光之核。”他诡秘地笑着
从我的椅子旁走了过去

### 3. 晚餐的号角声

他们唱着歌儿，用胶水管冲洗厨房的地面
士兵们吃饭的锑碗，照出他们胸前的纽扣
晚餐的号角声已吹过
挨着餐厅的一条长长的水槽旁，忧郁的
水龙头们滴着水滴。我触摸过它们，
听见它们潮湿的
回音，正躲在墙角处，慢慢长出青苔和水垢

歌声的浮力……一片移动的草绿色随号令
集中于某片屋瓦的暗影后，
从他们的步伐里抽出稍息的时间
来贴近生活的柔软：
端起那盘子的两端

## 4. 瞄准

我感到踏实：那气息
从过去守护我。胜过明日

我开始装子弹，推枪匣上膛
用两只眼睛瞄准
你知道我喜欢另辟蹊径
这让我确信，一次完美的射击
将从千百个方向到达：不偏不倚

现在，我的食指停在扳机那儿
进入我视野的准星呈十字形。这是一种
对后冲力的一次祷告：
它咬伤我右边的锁骨，或者它
飞到我的身后去
听着，别动，那一粒子弹已经飞出去了

## 5. 第四天

第四天，我拥有远古铜酒盏般的皮肤
我的脸裸露在太阳光斑点染下的空气里有
麦粒般的形状和疑问
穿迷彩服的人在远处挖一口井
他们浮上尘土的肌肤，看起来像刚出土的文物

而有一片移动的绿树林，从训练场上闪过
其中有我们的孩子们。
他们远远打量那口尚未成形的井，耐心地
但这原始的劳作方式与他们
毫不相干。有一阵儿，他们感到难以理解并
发出瞳孔里的涟漪声
那么，孩子们，请你们再站得近一点儿

## 6. 第六天

生病的孩子，多么像
一棵虚弱的小白杨
清晨，他靠在你的膝盖上，睡着了
你听见年轻教官的脚步声
他让病孩子和曙色一起
降落在他的肩膀上，然后离开医务室
与他契合的早晨很快刮起一阵风
你紧随其后。为了感激，只需一点点阴凉。
挡住太阳从背后伸出的爪子，它金黄，
热奶酪那样流动着
病孩子的掌心渗出汗。
你看到，一串子弹头项链掉了出来
它们望着你：铁的一次犹豫

# 第四辑

# 昨天的意义

# 风不停地吹

风不停地吹
吹散了往事和梦魇
吹落了落日和时间丰盛的谷物
吹走了身体里的每一道裂缝
多好的解痛药啊
吹着吹着，就把人从这世上
吹到了尘土里

# 梦　境

这一天发生了什么
我在昏睡
但我的的确确路过了望火楼
它斑驳的墙体咔嚓嚓地
往我的大脑里剥落。夸张的尘土飞扬
像电影里的蒙太奇效果。而我不能跑动
尘土埋住我的脚踝。从我的脸部
长镜头拉伸出一幅春天的背景
我站在那些旧墙体前面，长久地
等待一辆未知的公交车
(似乎是星期六，而我要去哪儿)
从日落到天黑
星辰升起时它终于幽灵般地出现
我走到陌生人身旁的空位
对他说起一堵墙刚刚坍塌，说起另一个陌生人
而他并不惊讶
“我每天在土地上劳作并给
不同的人写信。
一个干净的院子陪伴我
紫藤萝光阴般的速度爬上屋檐。”

他看着我，他的眼睛变成了两条隧道
“我就是那些不同的陌生人，
在不同的地方，收取你的每一封信。”
他吻了我的手背
拄着拐杖——那从腋下复活的一棵苹果树
下了车

# 叙　述

我乐意向你叙述，一天傍晚
我是怎样走在江边，看茫茫夕阳
落下寂寥人间。我看到江两岸的人们
纷纷收拾工具，离开田间，回到
他们自己的家中，生火，做饭，升起炊烟
我曾低下头来，看到脚下的石子
多少年的洪水，没有冲走它们
光滑，圆润，它们依然在这里，陪我说话
看天上闲云。因为喜悦，而将手停于
腹部，听到里面传来原始的搏动
的确，我不知道的事情，正一件一件地发生
比如一个小东西，正在我体内生长
像个胚芽，圆形，走动时有空旷的回音
我承认自己固执己见，必须为决定
承受一切：放下人世间的享乐
像闲云般散淡。必须俯下身来
倾听大地的胎心，安静，秘而不宣

有时我站在矮松林下，听到风吹拂
松针的沙沙声。我知道了：这一生简单的智慧

和简单的善，风一样的，用我的小半生
去明白，而用大半生去学习
我自信还有足够的时间，因为上天给我的
又一次光芒和生命，它已经开始

# 春　天

草莓伸过来的一只手
绿指甲被修得整齐

我看见前世的眼皮
朝我眨了一下
美玉

假如有足够空的一座空山
在春天，发出纳兰提一样迷人的颤音
我的骨头是我的界限

它上面，泊着一个蜂鸟的帝国

# 游　戏

我愿意躺下来，当一截铁轨
为你的托马斯——
它是一辆忠实的小火车
你开着它在我的肩膀，脊柱
在我窄窄的手臂上奔跑
你的快乐在想象中翻山越岭，腾空而起
这些，我都愿意。甚至你大喊大叫
直到天黑也不肯结束游戏
哦，它要爬坡啦。它要冒烟啦
它要为灯塔运去一个明亮的灯泡
你知道的，我不能动，一点儿也不可以

我写着写着，又会走神，会走到窗口
亲爱的儿子，原谅我是一截心猿意马的铁轨
我不能装作没听见——

哦，那一定是个悲痛的妈妈
她在街上大声哭喊：心心，心心
等着她的孩子从街角跑出来，笑嘻嘻地
跟她说，妈妈你看，我在跟你

玩捉迷藏。可是天黑了
淘气孩子的游戏，还不肯结束

——我只愿那是个简单的游戏
像你一样，玩累了就会回来喝牛奶

# 山中之夜

蛐蛐的叫声好似打开了一扇经年的门
我们推门而入:
多么好的青苔蔓延着
这件贴在岁月身上的衣服
碧绿，湿漉漉，夜露使它温驯

是什么使我们一度远离土地
坐在稀疏的星空下
黑夜多么纯净
我的心被那些重叠在星光下的石头
挤得有些滚烫
又被山中之风吹凉
大地：为我生长出另一个你
就在此地。此地有：田园牧歌
有无数可供哭泣的溪流

# 句号。然后开始

有时，我独自在深夜里，无声朗诵
我把那些上升的，明朗的，清澈的词，
读给我的心灵。把那些下沉的，混沌的
奥义的词，读给我的身体。
我沉默的语速起伏像流水，声音锐利
我读出尘世间的自己：我是
一双父母的女儿。一个男人的妻子
一个孩子的母亲，身上有
生育的印记。我有过拥抱世界的梦想
有过情欲。也承受过世间的尘土。婚姻。生计。可恶的
体制。男人的重量。对遥远事物的爱
这些世间的事物，随时会将我呛住：
我在人群中微乎其微，尚有信仰
偶尔会说，他爷爷的！不要嫌弃我粗鲁
我一样会诅咒，会申辩，会埋怨
有时狭隘得像个泼妇——
但那并不影响
我对生命的热情：上天入地去批判
去哭泣。去歌唱。去撒泼
句号。然后开始

# 昨天的意义

春天的事物躲在光阴里层，抽芽的速度
比昨天快。你将追赶它们，像追赶
一个熄灭了的夜晚。总是这冷却的炉灰
在悄无声息地敞开。你看一眼自己对面的人
如同蜡像，互不相识。很多年你朝那个人
挤眉弄眼，嘟嘴吐舌。她什么也不说
如果你不能令她开口
那么你将徒劳地做着这一切：伤口在另外的地方
说出了你想知道的。但是你听不见

# 消　解

世间有许多未知的事物在等待
大地上低伏的草。乱石岗
贫瘠的一小块耕地
而秩序总将我捆绑于世上
我活着的地方，你，你们，这些众人
在持续不断地进行着消解
姿态，白天黑夜的言语，消解着
我的冷漠，焦虑，散漫和虚荣
从而成全我。我的昨天
锈迹斑斑的往事。随之而来的明天。在那儿
时光的牙齿静悄悄地咬碎青春
——这些从不消停的，轰鸣着的寂静
在逐渐消解着一个矮个子女人的全部欲望

# 魔蝎·十日

仅仅复苏了一日。十日里有九日
蝎子都在那个庙门前
专心念咒和招魂

我有扶桑，以一日抵九日，我只醒半日
如今国度模糊，不知该哼哪一首曲子
来析出多余的热
析出毒。析出爱

或者你一日北上，三日南下
沿途乌鸦的叫声使你心慌，你并没有
按照预言那样死去。山野多出一座
空坟，凭空的。我们相望，毛骨悚然
邪风翻墙，吹倒鹿鸣声。又轻又快

你拨开头发，让国都朝向你，让万里长城
赶上一阵杏花雨
有人喝南瓜粥。有人吃烧饼。春天胡乱生长
风吹了今日又吹昨日，分明是
时空错乱。我们并排睡在墙根下，在无论

谁的故乡，中间隔着蝎子的腿
必须排除想象，排除梦。那时你就是我的

一副毒药。治我病，疗我伤。亦助长咒语
庙门锈迹斑斑——而我越过铁锈，越过门
触到了铁，触到了你。十日有一日
是我们的，是野罂粟的

# 困　倦

我很困，困得快要长出鳃，长出鳞
闭上眼睛就能看见一川逝水，看见你溺水的样子
哦，我能为你做点儿什么营救你，
或者，教你怎么游上岸，这些，都要等到你出现
才变得有可能

# 在丹州

一群醉醺醺的异乡客。找不到西北
窄巷子。寻常人家小酒肆。五斤桂花酒
斟了六七杯。短暂的寻欢。无拘束。
醉生梦死。“我们都是酒鬼，
回家时愁眉不展……”
糯米的缠人的气息。苗寨之夜
遍布旧江南。遍布风和雨
整个街道喝得东倒西歪
风景向后退去。我们是
他人田里的糯米。被小镇的光阴，
这团酒曲，发酵、霉变
酿成了酒。酿成世界的心
就这样睡去，变老，变颜色
归来人不识

# 十　月

秋天在发动一场内部的叛乱。我往下沉
负重一些时日。阳光下
我倒出生命中单纯的欲望，倒出腹中
时时翻滚的大海。我拥有的就是这些
多出的，就留给你，给那些最寒冷的夜晚。
但是年老的太阳像是永远睡不够
指望它晒干这些湿漉漉的物件
需要捂热一块石头的
耐心。我总是缺少定力，忘记照看天气
我注意到我的手脚和眼睛，也总是习惯
忽略了他物，露在空气中。它们喜欢这样
也是我喜欢的：自由地，旁若无人地，忘我地

# 丛林之中

清晨，我抱着儿子上山。他心里满是浆果
夏风清凉，地上露水未干
我踩着湿漉漉的松针
绵软，厚实，几乎不发出声响
丛林寂静，露水偶尔滴落
——啪嗒，啪嗒

两岁孩童一言不发。在一处密林入口
他挣扎着跳下来，向一棵松树跑去
那儿长满蘑菇，像是谁
从地峡深处的另一端，高举出地面的小伞

我穿行林中，越来越进入某些寂静的事物
一度忘记身后，跟着幼小的儿子
当我拨开枝蔓，看见那些浆果，紫色的
星星般滚落在叶片间
我的儿子——一枚更大的新鲜浆果
早已等在那儿

# 引　力

黎明时，我感到大地有一种
比平常更为强烈的引力。在我的脚心
微风吹动时，被一个无形的磁场
吸附在原地。小虫子粘在
墙壁上，对应它的磁场在，墙的另一面
供我们无穷想象的地方。
恰好在那时辰：昼夜连接，星辰隐去
而光线迎合着我，内心里升起一股狂热
我现在正想着一块玻璃，在它背后
一阵龙卷风来找自己的身体，从一扇门移到另
一扇。它将继续看见，一个洗衣房的女工
将两件衣服，洗好的，交到顾客
手上，并露出迷醉的笑容

# 春天是个加工厂

春天制造出水南风
使我坐卧不宁。我打开玻璃柜
想到四月，才刚开始
七十二种花儿，还没开到一半
水南风就走不了，就会长期占据

春天的流水线
更多的鸟鸣来到这里，但它们听不见
它们一些跑到原料间，一些跑到成品间
均认不出自己模样

春风，吹绿大街上的一群孩子
到处是春天的零部件：草色遥看。
旷野和爱

# 仲　夏

五月的风。刚被割了一茬。又长出了
一茬。噌噌噌，它们拔节的声音。
抽穗的声音。追赶河岸芦苇的声音。
它们的生长有时高出了天空
有时又低于地面。但并非捉摸不定
它们要么是青，要么是黄
要么是一条河的颜色。一个人
一生的颜色。
趴在一棵麦子上，一朵白云上
它们和许多个仲夏夜一起
谈论白天的白。高处的高。刚刚过去的
春天。或者黑夜，那正在来临的
伸手不见五指的黑